La Historia de Hualcayán:
Contada Por Sus Pobladores

Elizabeth Cruzado Carranza

Copyright © 2015 Elizabeth Cruzado Carranza

All rights reserved.

ISBN-13: 978-0692472354
ISBN-10: 0692472355

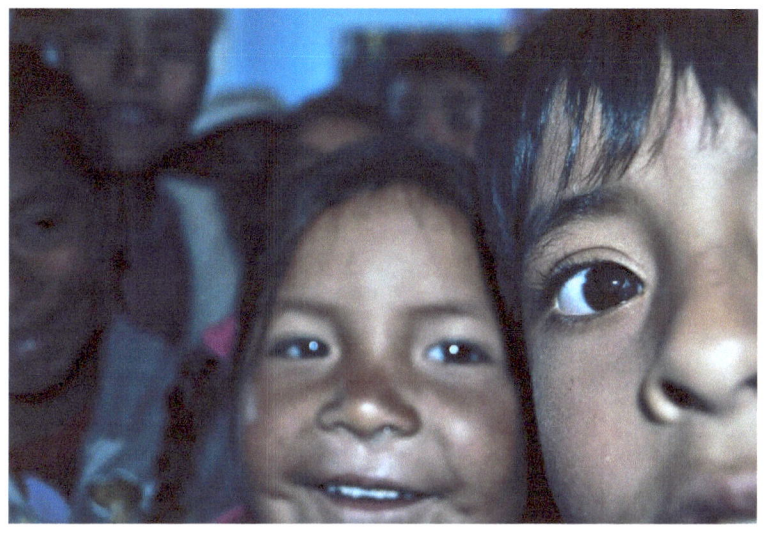

DEDICACIÓN

Para los hijos de Hualcayán

AGRADECIMIENTOS

Instituciones en el Perú
- Comunidad Campesina de Hualcayán.
- Institución Educativa No. 87009.
- Proyecto de Investigación Arqueológico Regional Ancash.

Instituciones en los Estados Unidos
- Universidad de Memphis.
- Programa Museo de Estudios de Postgrado, University of Memphis.
- C. H. Nash Museo en Chucalissa.
- Iglesia Episcopal de Saint Johns de Memphis, TN.
- WriteMemphis.
- Curb Center for Art, Enterprise, and Public Policy at Vanderbilt University

INTRODUCCIÓN

Este es un libro sobre la historia de las personas de Hualcayán contada por las mismas personas de Hualcayán. La idea de este libro se dio durante una reunión con los profesores de la escuela local, con los arqueólogos y los especialistas en museo quienes han trabajado en la comunidad. Uno de los profesores, Leodan Abanto Alejo Valerio, comentó que no había una publicación que contara la historia de la comunidad que los estudiantes pudieran aprender en la escuela. El Gobierno del Perú provee libros a las escuelas sobre la historia del Perú, e incluso contienen información sobre las grandes ciudades de la región como Huaraz y el Chavín de Huantar, Patrimonio Mundial de la Humanidad por UNESCO. Pero, no existía ningún recurso disponible en la escuela de Hualcayán que cuente la historia de la comunidad de Hualcayán, ubicada en la Cordillera de los Andes, aproximadamente a 3100msnm en la Región Ancash, Perú, a unos 25 kilómetros de la capital de la Provincia de Huaylas, Caraz. Este pequeño libro es el primer paso en la documentación de la historia de las personas de Hualcayán, contada por ellos mismos, apoyada por los arqueólogos del Proyecto de Investigación Arqueológico Regional Ancash (PIARA).

PROCESO DE LAS ENTREVISTAS

No muchas comunidades rurales en la Sierra del Perú tienen un registro escrito de su historia local. Lo cual es un problema, ya que sus pobladores no podrían conocer sobre los eventos más relevantes, identificarse así mismos con su patrimonio cultural, o preservar su cultura. Ante este problema, ambos, comuneros y arqueólogos crearon en colaboración un proyecto de participación para resolver este problema en Hualcayán.

Y es así, que mediante entrevistas se pretendió registrar la historia de la comunidad. ¿Por qué entrevistas? Porque, una entrevista es un diálogo en el que el entrevistador hace una serie de preguntas al entrevistado de manera oral, con el fin de conocer mejor y transmitir sus ideas. En el caso de este proyecto, los entrevistadores fueron los estudiantes de secundaria de la escuela de Hualcayán; mientras que los entrevistados fueron los miembros de su propia comunidad.

Pero, ¿por qué los estudiantes entrevistaban a los adultos de su comunidad? La respuesta es un poco compleja, y los motivos son varios. El principal motivo fue el deseo de crear en colaboración un proyecto que permitiera desde el inicio a los pobladores arqueólogos, generar un proyecto basado en los intereses y necesidades de la comunidad. Los dos grupos definimos nuestros roles desde el principio, a) los estudiantes participaron entrevistando a los miembros de la comunidad sobre la historia de la comunidad, mientras que b) los arqueólogos participaron compilando la información obtenida por los estudiantes en un libro, el cual usted está leyendo. Esta creación en colaboración conjunta fue la mejor manera de responder a las inquietudes de la comunidad, participando ambos grupos de manera conjunta en el desarrollo, implementación y difusión de este proyecto de registro de la historia oral de Hualcayán.

Para llevar a cabo este proyecto, los miembros de la comunidad tuvieron igual control en el proceso participativo, además del tiempo requerido, y las herramientas necesarias para liderar el proyecto. Ya que el objetivo de los arqueólogos fue organizar a los pobladores, proveer oportunidades participativas, y ayudar a la protección de la historia local y el patrimonio cultural.

Otro motivo importante fue que ningún arqueólogo que ha trabajado en Hualcayán habla el idioma Quechua, y este idioma es más hablado por los adultos de la comunidad, quienes son los que saben y guardan mejores recuerdos de su comunidad. El idioma Quechua es el segundo idioma más hablado en Hualcayán, y es el idioma que hablaron los primero pobladores de Hualcayán hace casi 30 años. Los pobladores adultos tendrían más confianza si los jóvenes eran quienes los entrevistaban, ya que podrían sincerarse fácilmente con alguien que hable su mismo idioma.

Además, este proyecto de creación en colaboración creó el compromiso de los pobladores de la comunidad y de los arqueólogos de preservar el pasado de Hualcayán. Y lo más importante, este trabajo fue hecho por la comunidad y para la comunidad.

Antecedentes

Cuando uno trabaja en una comunidad, uno convive con la realidad del lugar y de su gente. Y vivir en la Comunidad Campesina de Hualcayán no ha sido la excepción. Tras vivir y compartir varios años con los pobladores de esta comunidad, no sólo nos hemos dedicado a nuestras labores como arqueólogos, sino que también hemos decidido trabajar con ellos en base a las necesidades de su gente.

Lamentablemente, no podemos cambiar la realidad en un abrir y cerrar de ojos, los cambios se ven con el tiempo, estos cambios son parte de un proceso. Este proceso empezó hace unos años cuando decidimos trabajar de manera conjunta con la comunidad para beneficio de ellos mismos; ya que la idea es que ellos tengan una voz capaz de informar y fortalecer el diseño del proyecto y el programa para los pobladores. En otras palabras el objetivo es crear con los pobladores programas que ellos consideren prioritarios, que se compartan las opiniones de todos para establecer una solución creativa a sus dificultades.

Por ese motivo, hemos realizado reuniones de manera constante con los miembros de la comunidad y profesores de la escuela. En dichas conversaciones se han discutido sus necesidades y sus expectativas para su futuro y el de sus familias. Es así que la necesidad de una educación de calidad fue considerada como prioridad número uno; aunque el acceso a los servicios de salud básica y desarrollo económico fueron comentados también.

Sabiendo que la educación es la prioridad para los pobladores de Hualcayán, el siguiente paso fue conversar de manera directa con los profesores de la escuela de Hualcayán, y saber cuáles eran las prioridades de la escuela, la cual cuenta con más de cien niños matriculados actualmente.

Una de esas reuniones fue la que tuvimos con la directora de la escuela, Clara Padilla, y los profesores del nivel inicial, primaria y secundaria, quien contaron a los arqueólogos que el principal problema en la escuela era la falta de información de historia local disponible para la enseñanza en la escuela. Luego de conversar y buscar soluciones prácticas y prontas para este problema y a pedido especial del profesor de Ciencias Sociales, Leodan Abanto Alejo Valerio; los arqueólogos Elizabeth Cruzado, Rebecca Bria, y Robert Connolly propusieron realizar de manera conjunta un proyecto sobre la historia oral de la Comunidad Campesina de Hualcayán.

Gracias al trabajo en conjunto realizado desde el mes de agosto del año 2014, por trece estudiantes del nivel secundario de la Institución Educativa No. 87009 de la Comunidad Campesina de Hualcayán, bajo la supervisión del profesor de Ciencias Sociales, Leodan Abanjo Alejo Valerio, ahora podemos tener un registro escrito de la historia moderna de la Comunidad Campesina de Hualcayán.

Estudiantes entrevistando a sus padres y familiares

Considerando las opciones de cómo obtener un registro completo de la historia de la Comunidad Campesina de Hualcayán, los profesores consideraron que entrevistar a los pobladores sería una buena opción. No sólo por el hecho que esto ayudaría a tener un registro de los datos, sino que también ayudaría a los jóvenes a averiguar la historia de su comunidad.

Gracias al apoyo de la organización estadounidense, *Write Memphis*, el cual es un programa de alfabetización que desarrolla la compresión lectora y la creación de una escritura única, a partir de la experiencia escrita por cada participante, quienes donaron 4 cámaras filmadoras para realizar este proyecto en Hualcayán.

Con el donativo de las cámaras, y una vez que llegaron a Hualcayán, se procedió a entrenar a los estudiantes participantes en el proyecto. Como parte de la clase de Comunicación e Historia se procedió a practicar cómo realizar una entrevista. En esta clase los jóvenes crearon preguntas para sus compañeros, ellos hicieron un lisado de preguntas. Se hicieron grupos de tres estudiantes, el primero hacía las preguntas, el segundo respondía, mientras el tercero grababa las conversaciones.

Una vez los estudiantes practicaron en la escuela, luego crearon otra lista de preguntas para entrevistar a los arqueólogos que trabajan en la comunidad. Los jóvenes se desenvolvieron muy bien y fueron capaces aprender más del trabajo de los arqueólogos en su comunidad.

Con ayuda de los profesores y los arqueólogos se escribió un listado de 35 preguntas para entrevistar a los miembros de la comunidad de Hualcayán. Durante los meses de septiembre a agosto del año 2014, los estudiantes de secundaria supervisados por el profesor Leodan Abanto Alejo Valerio realizaron las entrevistas

Las entrevistas permitieron a los jóvenes preguntar a los propios pobladores, quienes en muchos casos son familiares o amigos de toda la vida. Al mismo tiempo, a través de las entrevistas los jóvenes lograron superar su timidez, estar más seguros de quienes son y de la importante labor que están haciendo para su comunidad.

Lista de preguntas

Las entrevistas realizadas por los estudiantes de secundaria de la escuela de Hualcayán, incluyen una lista de 35 preguntas. Las preguntas y sus respuestas se dividen en los siguientes grupos:
- Orígenes de la Comunidad Campesina de Hualcayán:
  o Primeros Pobladores: quiénes fueron, de dónde vinieron, y por qué decidieron establecerse en Hualcayán.
- Modo de vida de los pobladores de Hualcayán:
  o Principales actividades en la comunidad: agricultura y ganadería.
  o Educación.
- Eventos importantes de la comunidad:
  o Construcción del Canal de Culicocha.
  o Construcción de la carretera Hualcayán – Caranca – Colcas.
  o Construcción de la posta médica de la comunidad.
  o Construcción de la escuela de la comunidad.
  o Construcción del local de la comunidad.
- Costumbres actuales de los pobladores de la comunidad:
  o Bailes típicos, comida típica.
  o Mitos: Arco Iris (Turmanyé).
  o Religión: religiones en la comunidad, creencias en santos, significado de la muerte.
- Significado nombres en quechua de lugares de la comunidad:
  o Hualcayán, Perolcoto, Panchocucho, Ichik Tzapa.
- Realidad actual de la comunidad:
  o Medio Ambiente.
  o Importancia de la historia local.
  o Cambios en la comunidad.

Lista de participantes en el proyecto

Quienes fueron los entrevistadores y consiguieron estos datos fueron el grupo de alumnos del segundo año de secundaria de la escuela de Hualcayán: Jackelin Alvares, Elver Loarte, Rosalina Melgarejo, Esther Milla, Oscar Milla, Michael Milla, Renzo Solis, Melissa Alvarez y Roger Solis. Todos ellos participaron haciendo preguntas a los pobladores de la comunidad. Ellos fueron dirigidos por el profesor de Ciencias Sociales de la escuela de Hualcayán, el profesor Leodan Abando Alejo Valerio quien los guió durante los meses de agosto a diciembre del año 2014 para poder realizar este proyecto.

La primera prioridad de los estudiantes fue entrevistar a las autoridades locales, algunos de ellos brindaron su tiempo y espacio en sus casas para llevar a cabo las entrevistas. El presidente de la comunidad, el agente municipal, el teniente gobernador, entre otros; quienes brindaron información más completa y detallada. Además de las autoridades locales de Hualcayán, los estudiantes también entrevistaron a sus familiares cercanos y a algunos pobladores que son mayores.

Varias personas de la comunidad fueron entrevistadas para realizar este proyecto. La mayoría de los comuneros accedieron que los estudiantes filmaran las entrevistas, mientras que otros solo permitieron grabar audios de las entrevistas, y unos pocos solo permitieron que los alumnos tomen notas de las entrevistas.

RESUMEN DE LAS RESPUESTAS

La información que se mostrará está basada completamente en las entrevistas realizadas a los residentes de Hualcayán, entrevistados por los estudiantes de secundaria de la escuela local. La autora solo ha resumido la información entregada en las entrevistas. Como es en muchos casos, los individuos recuerdan los eventos de manera diferente. En las siguientes secciones, intento presentar un resumen de las memorias y recuerdos compartidas por los pobladores de Hualcayán.

Sobre los primeros pobladores

Sobre los primeros pobladores de la Comunidad Campesina de Hualcayán, los entrevistados mencionan varios nombres como Víctor Solís, Jorge Álvarez, Lorenzo Tarazona, Ángel Hueza, Juvenal Milla, Ángel Sáenz, Julio Huamán, Julio Sáenz, Macario Ramírez, Arcadio y Cirilo. No sabemos a ciencia cierta quien fue el primer poblador de la comunidad, porque se obtuvieron varios nombres cuando se hizo esa pregunta. Es probable que un grupo de familias llegó en un primer momento a la comunidad, ellos se asentaron en esta área porque nadie vivía en esta zona. Además muchos pobladores indican que dijeron mudarse a Hualcayán porque era un lugar con tierras vírgenes, buenas para la agricultura y ganadería. Otra razón para mudarse fue que en las comunidades aledañas ya no habían tierras para tener más cultivos.

Estos pobladores vinieron desde diferentes comunidades. Los

pobladores mencionan que la mayoría de ellos son originariamente de la comunidad de Caranca, pero otros vinieron desde las comunidades de Alpamayo, Huancashuas y Cashapampa. Estas otras comunidades se encuentran alrededor de Hualcayán, tanto en zonas más altas como en zonas más bajas.

Los primeros pobladores de la comunidad de Hualcayán se dedicaron principalmente a la agricultura, cultivando trigo, chocho, y papa. Varios pobladores comentaron que las jornadas agrícolas en el pasado eran mucho más alegres que las actuales. Ellos contaron que durante el sembrío de los productos había música. Agustín Hueza y Tobiaco Álvarez tocaban la roncadora, que es la habilidad de tocar el *pinkullo* (quena) y el *huancar* (tambor) al ritmo de huayno durante el trabajo; y al final de la jornada de trabajo compartían bebidas, comida y baile.

La vida de los primeros pobladores de Hualcayán no fue fácil. Ellos estaban muy preocupados por la falta de agua, porque el canal no existía, y este es un tema mencionado por varios comuneros. Para ellos la vida era más *triste, había que trabajar duro en la chacra*, el trabajo era duro y todos participaban en el trabajo de la chacra.

El modo de vida de los pobladores de Hualcayán

La mayoría de los pobladores de la comunidad se dedican al trabajo agrícola. Ellos se dedican a sembrar papa, alverja, trigo, cebada, quinua, alverja y habas. Ellos van muy temprano a sus chacras, para poder dedicarse el mayor tiempo posible en esta tarea. Además, ellos están organizados en turnos para poder utilizar el agua. En Hualcayán existe un Comité de Agua, cada poblador puede usar el agua para sus chacras de acuerdo a un turno organizado, ellos saben qué días pueden usar el agua para sus sembríos. También, ellos saben que no deben de desperdiciar el agua, y no ensuciar los canales que transportan este vital elemento. En caso no cumplan con las condiciones del uso del agua, no podrán utilizar el agua en el siguiente turno.

Al dedicarse desde hace mucho tiempo a la agricultura, los comuneros de Hualcayán saben los cambios en el clima. Ellos saben cuando será la temporada seca y la temporada de lluvia, y no necesitan de un calendario para saber cuando sembrar y cosechar sus productos. Además, cada producto que será sembrado o cosechado, tiene un tiempo específico. Por lo general, la siembra se da entre los meses de enero y marzo; mientras que las cosechas se dan entre los meses de junio y agosto.

Los pobladores de Hualcayán saben todos los detalles del proceso de siembra y cosecha de sus productos: la cantidad de agua, la cantidad de semillas, el tiempo para sembrar y cosechar, y más detalles sobre cuándo remover la tierra, cuántas veces regar las plantas, y más. En fin, el talento de ellos en reconocer los cambios en la naturaleza es demasiado amplio. Este talento les ha permitido vender sus productos en los mercados de Caraz, Chimbote y Trujillo. Lamentablemente, hasta ahora son bajos los precios de venta de sus productos, y al final de tanto trabajo ellos reciben una suma muy pequeña. Actualmente los pobladores están organizándose, buscando financiamiento y certificación para poder vender y exportar de manera directa sus productos agrícolas.

Eventos importantes de Hualcayán

Los pobladores de Hualcayán consideran eventos importantes a las inauguraciones de espacios que cumplen una función en la comunidad. Lamentablemente, hay una confusión en cuanto a las fechas exactas sobre inauguración de estos espacios. Los entrevistados mencionan diferentes años, por lo que haré una estimación.

El primer evento importante para los comuneros, fue la construcción de la carretera afirmada, que une la comunidad de Hualcayán con la comunidad de Colcas. Esta carretera probablemente fue construida entre los años 1977 y 1985. Esta carretera afirmada es el principal medio de comunicación con otras comunidades y con la capital de la provincia, Caraz. Actualmente, toma una hora y media el llegar de Hualcayán hasta Caraz, pero puede tomar más tiempo en épocas de lluvias.

La construcción del canal de *Culicocha* fue otro evento significativo en la comunidad. Con la creación de este canal, entre los años 1978 y 1985, la población tuvo acceso al agua durante todo el año. Este canal no sólo ha permitido la irrigación de los terrenos de cultivo durante todo el año, sino que también permite el abastecimiento de agua para consumo en las viviendas de la comunidad. Muchos pobladores consideran este evento el que marcó un cambio en las vidas de la población. Ellos mencionan que es cuando la comunidad empezó a crecer, y pudieron tener una mejor calidad de vida. Actualmente, los pobladores se organizan para compartir las tareas del mantenimiento y funcionamiento de este canal, para lo cual tiene un Comité de Agua, encargado de verificar que los pobladores cumplan con el cuidado del canal y de su buen uso.

Otra obra importante, en este caso hecha por los mismos pobladores de Hualcayán, fue la construcción de la Institución Educativa No. 87009. Según los entrevistados, la escuela empezó a construirse en el año 1982, y entró en total funcionamiento en el año 1989. En un primer momento, la escuela tuvo con tres aulas y fue sólo de educación primaria. El primer director fue el profesor Jaime Castillo, y muchos en la comunidad recuerdan los esfuerzos de los comuneros y los profesores Alejandro y Miriam por construir la escuela, ya que siempre estuvieron preocupados por la educación y desarrollo de los más pequeños de la comunidad. Recién hace unos años, para ser más exactos en el año 2012 se construyeron dos aulas más para que la escuela cuente con en el nivel secundario.

Es importante resaltar que a la escuela de Hualcayán asisten la mayoría de niños y niñas de la comunidad, los cuales asisten regularmente a sus clases desde el mes de marzo hasta diciembre de cada año. Además, desde hace unos años la mayoría de niñas también están estudiando, lo cual es fundamental para su desarrollo y participación en las actividades de la comunidad. Los niños y jóvenes de la comunidad aprenden diferentes clases en la escuela, desde matemáticas, ciencias y comunicación. Pero, en lo que más destacan son en clases de arte, ellos son muy talentosos en dibujo, pintura, danza, y música. Muchos de ellos tienen un talento innato para el arte, a pesar de la timidez de su comportamiento, ellos pueden hacer verdaderas obras de arte.

El Local de la Comunidad, ubicado en la Plaza Central de Hualcayán fue construido gracias al apoyo de la empresa Campo Sol en el año 2002. Esta empresa dedicada al cultivo de alcachofas construyó el local de la comunidad como muestra del apoyo brindado por los pobladores de Hualcayán. Este es un local multiusos y cuenta con cuatro habitaciones. En el año 2011, PIARA construyó dos baños en el local comunal, y el local sirvió como zona de vivienda para los arqueólogos y estudiantes durante los años 2011 y 2012.

Actualmente, el local funciona como vivienda para trabajadores foráneos, reuniones de los comuneros, actividades de la comunidad, y en uno de sus ambientes se ha instalado un pequeño museo. Este museo fue instalado por PIARA en el agosto del año 2014, y cuenta con varios paneles informativos sobre la historia de Hualcayán, además de los trabajos realizados por los arqueólogos. Este espacio está en constante renovación, ya que en enero del 2015 se cambiaron los paneles informativos, en los cuales se incluyó mayor información sobre las investigaciones.

A pesar que Hualcayán es habitada desde hace muchos años, recién en el año 2012 se construyó la Posta Médica o Centro de Salud de la comunidad. Antes de eso, cuando los pobladores se enfermaban tenían que ir caminando o en auto hasta la comunidad de Colcas, que queda a una hora en auto de Hualcayán, y en caso de emergencias hasta la ciudad de Caraz. Actualmente, la Posta Médica cuenta con una técnica en Enfermería que se encarga de dar una atención rápida a ciertas enfermedades, controlar el crecimiento de los niños menores de 3 años, aplicar inyectables, y brindar medicinas básicas a los pobladores. En caso algún poblador tenga una emergencia de salud, este es derivado al Centro de Salud de la comunidad de Colcas, el cual tiene una ambulancia y puede trasladarlo a la ciudad de Caraz. Por lo general, en casos de parto, las mujeres de Hualcayán prefieren ser atendidas en el Hospital Ciudad de Dios ubicado en Caraz.

Costumbres de los pobladores de Hualcayán

Toda comunidad tiene costumbres que solo se dan en ese lugar. Los pobladores de Hualcayán tienen ciertas fiestas que celebran todos los años, tales como los Carnavales, Semana Santa y Día de los Muertos. En estas fiestas no falta la comida, la música y el baile.

En la Fiesta de Carnavales todos los miembros de la comunidad están invitados, y los organizadores siempre ofrecen bebidas y comidas a todos ellos. Esta fiesta se celebra antes que empiece la Cuaresma, y por lo general es entre los meses de Febrero y Marzo. Los adultos y niños bailan al ritmo de *huayno*, y con el *chiroque*, que es un músico que toca al mismo tiempo el tambor y la *quena* (flauta peruana). El evento más importante de la fiesta de carnaval es el día domingo antes del Miércoles de Ceniza. En ese día se coloca la *yunza* en la plaza, que es un árbol decorado con premios, como frazadas, ponchos, tazas y otras cosas. La gente de la comunidad baila alrededor del árbol, mientras tratan de cortar el árbol con un hacha. La persona que exitosamente corta la *yunza*, es la organizará la fiesta el próximo año. De esa manera, el carnaval continúa cada año.

Un mito en de Hualcayán, es el mito del Arco Iris o *Turmanyé*. Muchas personas dan una opinión diferente sobre el significado de la aparición del arco iris. Por lo general, consideran que donde empieza el arco iris es un lugar malo, y puede representar una mala señal, como el inicio de la sequía o de tiempos de mucha lluvia. Para otros, el arco iris es una señal de Dios que aparece cuando hay lluvia y sol al mismo tiempo, pero igual tiene un significado malo. Cada persona puede dar una opinión, pero los significados se relacionan.

Los mitos se crean porque los pobladores tratan de explicar por sí mismos los cambios que se dan en la naturaleza. Esta situación probablemente se dan porque la religión no está muy bien definida en Hualcayán. No hay una iglesia católica en la comunidad, y solo el sacerdote de Caraz viene la comunidad para ofrecer misa en ciertos eventos. Esto ha generado que muchas personas en la comunidad no sean católicas. Sin embargo, hay dos iglesias evangélicas en Hualcayán, las cuales tienen sus ritos varias veces a la semana. Por este motivo, casi la mitad de la población de Hualcayán es evangélica. Pero católicos y evangélicos respetan sus creencias y costumbres en todo momento.

Así como el arco iris tiene muchos significados, la muerte de una persona en la comunidad también tiene un significado para los pobladores de Hualcayán. Por lo general los velorios de las personas fallecidas duran un par de días, y los pobladores de la comunidad se acercan a la casa del difunto para rezar, cantar, comer y beber. Incluso, algunos pobladores colaboran con la familia del fallecido dándole víveres o dinero para la preparación de los alimentos durante los días del velorio. Ellos están presentes durante el velorio día y noche, además ayudan a hacer la tumba del difunto en el cementerio de la comunidad. Algo muy particular de Hualcayán, es la presencia de un grupo de hombres que cantan y rezan en Quechua durante los días del velorio y durante el entierro del difunto. Estos hombres llevan un libros donde están los cánticos y rezos que predican durante esos días. El difunto es enterrado con algunas de sus pertenencias más preciadas, y la familia y acompañantes depositan flores en la parte exterior de su nicho.

Y cada primero de Noviembre o Día de los Muertos, las familias acuden al cementerio de la comunidad para limpiar el nicho del difunto, colocar flores y llevar cruces. En algunos casos, los familiares llevan comida, bebida y música para celebrar con los difuntos, porque ellos consideran que es mejor recordar de manera alegre a las personas que ya no están presentes.

Quechua, el idioma de Hualcayán

El idioma Quechua es el idioma más hablado en Hualcayán, así como en otras comunidades de las zonas altas de Perú. Desde que empezó a habitarse la zona de Hualcayán, los pobladores hablaron el Quechua, y hasta ahora para muchos de ellos es su primera lengua. Con el paso del tiempo, y con la llegada de los profesores a la comunidad, es que empezó a enseñarse el idioma Español en la escuela. Es así que muchos de los adultos y jóvenes de la comunidad ahora son bilingües, es decir saben el Quechua porque en sus casas se habla ese idioma y al mismo tiempo saben el Español porque es el idioma que aprenden en la escuela. A raíz de que muchos pobladores hablan Quechua y Español se ha creado una mezcla de idiomas, lo cual ha enriquecido la cultura de

Hualcayán.

Esto es notorio en los nombres de algunos lugares de Hualcayán. El mismo nombre de Hualcayán tiene raíces Quechuas, y traducido al español puede significar *meseta pequeña* o *lugar antiguo donde había muchos pastos para los animales*. En el caso de Perolcoto significa *muros antiguos en forma de olla*, que es la zona donde se encuentran las terrazas agrícolas de los pobladores, y cada terraza está separada por muros de piedras, en muchos casos son los muros construidos por los antepasados de Hualcayán. Mientras que Ichic Tzapa significa *monte para gente pequeña donde hay muchas hierbas*, que es la zona donde se encuentran los entierros antiguos de Hualcayán, y estos entierros están en pequeñas habitaciones construidas de piedra, que se llaman *chullpas*.

El mismo caso se da en el nombre de muchas plantas, especialmente en el nombre de plantas medicinales. Cuando uno le pregunta a una persona qué planta debe consumir para alguna dolencia, ellos te mencionarán el nombre de la planta en Quechua, pero te explicarán los beneficios de la planta en Español. Algunos ejemplos son: *warmi-warmi* y el *toyu-toyu* que se preparan como té y sirve para curar inflamaciones a las vías urinarias. Mientras que el *collal*, *warma-ripa*, *condor-ripa* y *tres esquinas* cuando se prepara té de sus hojas, puede curar enfermedades de los bronquios, además de curar el *susto*. Además, el *tshumunaca* y el *matico* son plantas que sirves para curar los males del estómago, y el *maretushma* para los golpes e inflamaciones musculares.

El idioma Quechua se mantiene vivo en Hualcayán, ya que todos lo entienden, lo hablan y lo practican. Gracias a este proyecto, muchos de los estudiantes que realizaron las entrevistas tuvieron la oportunidad dialogar en Quechua con las personas adultas y ancianos de la comunidad. Esto les permitió notar la importancia de su idioma, y sobre todo de la información que fueron capaces de recolectar, porque ellos han documentado la historia de su comunidad.

Actualidad de Hualcayán

Actualmente, la mayoría de pobladores de Hualcayán se dedica a la agricultura y la ganadería. Aquí todos colaboran en las tareas que beneficiarán a las familias, y desde muy temprano se van a sus chacras para cuidar sus tierras o para atender a sus animales.

Esta comunidad continúa creciendo, cada vez hay más pobladores, y la comunidad ya se está urbanizando. Hay varias calles en la comunidad y cada familia tiene uno o varios lotes donde han construido sus casas o donde tienen sus terrenos de cultivo. La mayoría de las casa cuentan con los servicios de luz, agua y desagüe.

Los niños y jóvenes asisten a la escuela por las mañanas de lunes a viernes, y por las tardes ayudan a sus padres en las labores que se requieran. Muchos pobladores consideran la importancia de brindar educación a sus hijos, incluso, algunos pobladores envían a sus hijos e hijas a la ciudad de Caraz para que culminen sus estudios secundarios o superiores. Es sorprendente como desde tan pequeños los niños y niñas ya conocen su comunidad y se conocen entre ellos mismos. Otro rasgo importante de Hualcayán, es que todos sus pobladores se saludan, te dan la bienvenida, así uno sea un extraño, siempre están atentos a dar la bienvenida. En general, todos los pobladores de Hualcayán siempre se esfuerzan por ser mejores, tanto como personas, como padres, o hijos.

ACTUALIDAD DEL PATRIMONIO CULTURAL DE HUALCAYÁN

Los habitantes de Hualcayán son capaces de manejar su rico patrimonio cultural del pasado y traerlo de lleno en su vida cotidiana. Los proyectos reportados a continuación son ejemplos de cómo ocurre este proceso. Estos proyectos son fuente de orgullo de la comunidad, la apreciación del pasado, el desarrollo económico y mucho más.

PIARA ha ayudado a aportar recursos para el pueblo de Hualcayán a contar su historia al mundo más allá de la provincia de Huaylas del Perú. Al llevar a cabo este trabajo, PIARA adopta un enfoque de creación en colaboración que implica directamente a la comunidad local. Es decir, la comunidad Hualcayán expresó la necesidad directa de los proyectos mencionados a continuación, y PIARA utilizó sus conexiones y recursos para trabajar con el pueblo para llevar a cabo el trabajo. De gran importancia, son los trabajos como el registro de la historia del pueblo descrita anteriormente en este libro, además de otros proyectos que analizan el resultado de las necesidades o deseos expresados por los miembros de la comunidad Hualcayán.

Las Mujeres de Hualcayán

El día 15 de Julio del año 2014 se iniciaron las actividades de Las Mujeres de Hualcayán, la cual es una organización de mujeres dedicadas a bordar diferentes manualidades para venderlas en tiendas de los Estados Unidos. Dos mujeres de Hualcayán, Aquila y Consuelo, fueron las primeras que empezaron a trabajar en el diseño de diferentes tejidos y bordados. Ellas comenzaron haciendo algunas carteras de diferentes tamaños con bordados colores vistosos. Nadie tuvo que enseñarles cómo hacer este trabajo, ya que ellas sabían cómo hacerlo, y qué materiales utilizar. Ellas son unas profesionales en busca de oportunidades y recursos para demostrar lo que son capaces de hacer.

Gracias al apoyo de la Iglesia Episcopal de Saint Johns de Memphis, TN, se pudieron comprar los materiales necesarios para empezar con estas actividades de tejido y bordado de bolsas, carteras, vinchas, correas, y más cosas que son diseñadas y elaboradas por las mujeres de la comunidad.

En un inicio fueron sólo dos personas, y poco a poco el grupo fue creciendo. Actualmente, son doce mujeres de diferentes edades trabajando haciendo artesanías, lo cual les da una oportunidad para hacer un trabajo les gusta.

Los bordados que ellas diseñan son ideados por ellas mismas, no existe un patrón y no hay diseño que se repita, lo cual es impresionante y único. Ellas bordan a partir de su creatividad e imaginación, especialmente las plantas y animales de su alrededor; ya que todo esto es parte de su ambiente diario, y ellas tienen una conexión muy cercana con la naturaleza, por eso la mejor forma de representarla es mediante los bordados. Además, utilizan colores muy vivos que resaltan estos diseños como flores, llamas, cóndores, árboles, montañas, entre otros.

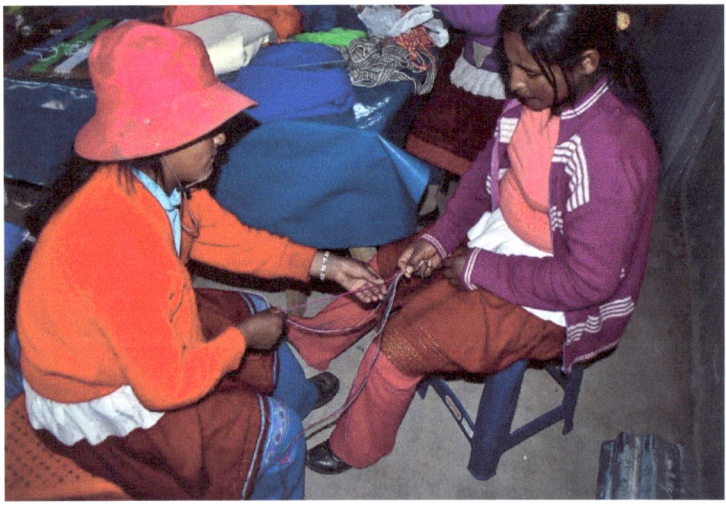

Estas mujeres trabajan todo el día en las actividades de sus casas, y por un par de horas al día se reúnen en la casa de la señora

Sheyla Nuñuvero para hacer sus manualidades. Todas se saludan al entrar y se despiden al salir; y ante cualquier duda, entre ellas mismas conversan sus inquietudes y dudas; y claro también bromean, y pasan un buen rato juntas.

La persona encargada de dirigir al grupo es la señora Sheyla Nuñuvero, ella vive desde hace casi 10 años en Hualcayán, es una mujer emprendedora, esmerada y extrovertida. Estas habilidades le han permitido tener la confianza y respeto de las señoras de la comunidad para hacer este trabajo.

Todas las personas que forman parte de Las Mujeres de Hualcayán, reciben un pago justo por el trabajo que realizan cada día y por los objetos que diseñan. Este tipo de trabajo les brinda una oportunidad de apoyar a sus familias de manera económica, ya que éstas son familias pobres. Al mismo tiempo, esta actividad ha permitido que ellas se valoren más, y se den cuenta del potencial de creatividad que tienen. Es increíble observar los temas de conversación de estas mujeres, ahora se preocupan por la calidad de los productos que elaboran y de innovar en lo que hacen.

Iconografía hecha por los estudiantes

Una de las actividades de PIARA que fue bien recibida por los estudiantes de secundaria el año pasado fue la clase sobre los "Textiles Prehispánicos". En esta clase, primero se hizo una introducción sobre tema de Textiles Prehispánicos, y así los jóvenes se dieron cuenta de la importancia de los textiles en nuestra vida diaria, y de su valor en el pasado. También, se hizo una explicación de cómo los arqueólogos encontramos los textiles en nuestras investigaciones, y cómo estudiamos los textiles.

Todos los jóvenes estuvieron muy entusiasmados durante la clase, ya que en unos Ipads se colocaron fotografías de los diferentes textiles hallados por PIARA en sus excavaciones. Mientras los estudiantes veían las fotos, ellos hicieron varios comentarios y expresaron sus ideas sobre los detalles que observaban de los textiles. Los estudiantes notaron la diferencia en los colores utilizados, la calidad de los tejidos, la técnica de elaboración, su preservación a pesar de los años, y la iconografía de los textiles. Ellos se dieron cuenta que cada diseño representado en los textiles antiguos representaba la naturaleza en la que vivían las personas antiguas.

Y mientras se explicaba las características de los textiles, un estudiante preguntó: "*¿por qué los textiles no están completos?*"; en ese momento, hicimos una reflexión sobre qué causas podrían causar el deterioro de los textiles, y ellos mismos explicaron razones como el paso del tiempo, el clima, y derrumbes. Sin embargo, nadie habló sobre otra forma de destrucción del patrimonio cultural que existe en esta zona desde hace muchos años, el cual es el " huaqueo" o "saqueo". Así que hicimos una reflexión de cómo el huaqueo afecta las investigación arqueológica y a la explicación del pasado, ya que sólo podemos hacer estudios de los materiales dejados por los huaqueos.

Gracias a la participación de todos los alumnos, se hizo un debate sobre la importancia de los textiles antiguos, donde todos los estudiantes brindaron sus opiniones. Y es así que tuvimos las siguientes conclusiones:
1. Los textiles prehispánicos fueron bien elaborados porque hubieron expertos tejedores encargados de su elaboración.
2. Los textiles antiguos lucen mejor que los actuales, porque tal vez se utilizó más tiempo en su elaboración y diseño.
3. Los tejedores y tejedoras antiguos eran muy hábiles porque podían expresar con mayor detalle aspectos de la

naturaleza en los textiles.
4. Los textiles antiguos son mucho más resistentes a los actuales porque es probable que usaron mejor materia prima para su elaboración.
5. Los textiles antiguos son mucho más bonitos que los modernos, ya que utilizaron un sin número de colores de hilos para elaborar los diferentes diseños.
6. Los tejedores antiguos expresaban lo que pensaban en sus textiles, diseños de la naturaleza como plantas, animales y personas eran hechos, que probablemente simbolizaban su identidad.
7. Cada textil era único.
8. Los tejidos antiguos lucen más avanzados a los actuales.

Después de tener estas conclusiones, procedimos a practicar algunos métodos de elaboración textil, mediante el uso de bastidores y lanas de colores. Algunos estudiantes fueron muy hábiles para hacer esta parte práctica y otros no tanto; y así, ellos mismos se dieron cuenta que no cualquiera puede hacer textiles, es decir existieron personas con habilidades que se dedicaron a su elaboración y diseño.

En conclusión con estas actividades se ha reforzado las ideas sobre la importancia y el valor de los textiles prehispánicos hallados en el sitio arqueológico de su comunidad. Esta es una manera de enseñar la importancia del patrimonio cultural, con el fin de que sea valorado y protegido por la misma comunidad.

Clases en la escuela: Textiles y Quipu.

Continuando con las clases de arqueología en la escuela de Hualcayán, las arqueólogas Karissa Deiter del Centro Curb para Arte, Empresa, y Póliza Publico en la Universidad de Vanderbilt y Hannah McAllister organizaron unas clases sobre la importancia de la información arqueológica y de cómo los Inkas usaban los Quipus como un sistema de registro de información. Los estudiante del nivel secundario participaron en esta clase creando sus propios Quipus con la historia de sus familias.

Como se sabe el Quipu fue un sistema de registro utilizado en el pasado por los Inkas. En el caso del Quipu que construyeron los alumnos de Hualcayán, este contenía información sobre la familia de cada estudiante, incluyendo la cantidad de hermanos y hermanas en cada familia, los animales que tenían, y otros datos importantes sobre sus vidas. Para realizar el Quipu, crearon un código basado en nudos de diferentes colores, donde cada nudo y color representa o tiene un significado que puede ser entendido por cualquier estudiante.

Gracias a la participación de las estudiantes Nur Abdalla and Colleen McCartney, de la Universidad de Memphis, este proyecto será mejorado en el futuro. Ellas han rediseñado este proyecto, con el fin de que cada estudiante tenga un Quipu personalizado, además de tener un Quipu de la Comunidad en el espacio del museo. Ellas han creado los códigos y ejemplos de cómo cada estudiante puede crear un Quipu sea parte de la experiencia de conectarse con su historia local y con el patrimonio de toda la comunidad de Hualcayán. Este proyecto permitirá a los estudiantes tener un registro de ellos mismos y tener un registro de los eventos importantes de la comunidad, como nacimientos, muertes, matrimonios, logros personales como graduaciones, inicio de un nuevo trabajo, eventos importantes de la comunidad, festividades, entre otros eventos que serán colocados en un espacio común. Además este proyecto, tiene la finalidad de que los miembros de la comunidad, así como visitantes puedan registrar los eventos que ellos consideran importantes en sus vidas mediante el uso de un Quipu.

Apertura del museo

El 3 de agosto de 2014, PIARA inauguró un museo virtual, con textos y una muestra fotográfica en una habitación reformada del local de la comunidad Hualcayán. Las exposiciones actualmente consisten en un iPad y un monitor que contiene contenido interactivo sobre los recursos arqueológicos del sitio Hualcayán. Unos paneles que explican la Línea de Tiempo Prehistórica de la zona tres de las paredes. Una pantalla con íconos de la cultura Recuay, además de exhibiciones fotográficas de miembros de la comunidad y la investigación arqueológica llevada a cabo en los últimos años. En enero de 2015, se agregaron seis paneles a la línea de tiempo, estos solicitados por los profesores Hualcayán. El museo exhibe los paneles que vinculan la historia local, regional e internacional.

La Historia de Hualcayán

Colaboración con Chucalissa y Museum Studies Program

Los estudiantes en el Programa Certificado de Estudios de Museos de la Universidad de Memphis, Tennessee, Estados Unidos, prestaron una asistencia considerable en los proyectos analizados en este libro. De hecho, la escritura y la producción de este volumen sirve como una pasantía para la autora. Estos tipos de proyectos educativos son ideales para crear en colaboración espacios para el museo y programas con el pueblo de Hualcayán y estudiantes en los Estados Unidos. En este tipo de proyectos, las personas de Hualcayán son capaces de desarrollar y diseñar programas y exposiciones que abordan sus necesidades directas y los estudiantes en los Estados Unidos son capaces de aplicar las mejores prácticas en las normas del museo a su trabajo. De esta manera todos se benefician. Los habitantes de Hualcayán al obtener productos educativos que responden a sus necesidades inmediatas y los estudiantes de la Universidad de Memphis ganan una valiosa experiencia en la creación de productos profesionales adecuados para cualquier museo del mundo.

Un ingrediente clave en este trabajo es que la gente de Hualcayán tome en última instancia el control de sus recursos del patrimonio cultural. Para ello, uno de los productos producidos por los estudiantes de la Universidad de Memphis en el año 2014 fue un Plan Estratégico para el Desarrollo del Patrimonio Cultural del pueblo. Los cinco objetivos del plan estratégico están dirigidos a proteger el patrimonio cultural que necesita la comunidad, lo que fue expresado en los últimos años. La comunidad Hualcayán determinará los próximos pasos a seguir en este proceso. De esta manera, la creación en colaoración del Plan Estratégico se extiende más allá del contenido, e incluye la implementación - un paso importante para la función última de la comunidad en la administración de un programa de patrimonio cultural sostenible en Hualcayán.

La Historia de Hualcayán

AGRADECIMIENTO A LOS PARTICIPANTES

Un agradecimiento a quienes han hecho posible este trabajo. En especial al profesor Leodan, por indicarnos la necesidad de crear un documento que permita a los pobladores de Hualcayán entender la importancia de su pasado para preservarlo para futuras generaciones. A la directora Clara, por permitirme trabajar con los estudiantes del nivel secundario durante las clases de Ciencias Sociales y Arte para poder realizar este proyecto.

A los estudiantes del nivel secundario Jakelin, Elver, Rosalina, Melissa, Esther, Oscar, Michael, Renso, y Roger por permitirme compartir horas de trabajo con ellos. La participación de los estudiantes ha sido fundamental para poder realizar este proyecto de recolección de historia oral de Hualcayán, que ahora se plasma en un libro.

A todas las personas que fueron entrevistas, que brindaron su tiempo y espacio para poder compartir su conocimiento con los estudiantes.

A las autoridades de la Comunidad Campesina de Hualcayán: al Presidente de la Comunidad, Agente Municipal, Teniente Gobernador, entre otras autoridades, por permitirnos trabajar en Hualcayán desde hace unos años.

Agradezco a PIARA codirector Rebecca Bria.

PARA MÁS INFORMACIÓN

PIARA
P.O. Box 60542
Nashville, TN USA 37206
info@piaraperu.org

Elizabeth Cruzado Carranza
kcrzdcrr@memphis.edu

SOBRE EL AUTOR

Lic. Elizabeth Cruzado Carranza -Estudiante de Maestría de la Universidad de Memphis; Asistente de Postgrado del Museo C.H. Nash en Chucalissa, Memphis; Co-directora del Proyecto de Investigación Bioarqueológico Regional Ancash.

Elizabeth tiene más de diez años de experiencia en arqueología, especialmente en las regiones de la sierra de Ancash y en la costa nor-central del Perú. Ella es licenciada en arqueología de la Universidad Nacional Mayor de San Marcos. En el año 2009, ella colaboró en la instalación de las nuevas exhibiciones del Museo Municipal de Caraz. Desde el año 2011 trabaja como arqueóloga en el sitio arqueológico de Hualcayán. En agosto del 2014, ella empezó sus estudios de Postgrado en Arqueología en el Departamento de Ciencias de la Tierra de la Universidad de Memphis en Tennessee, US, donde obtuvo una beca completa para sus estudios. También, ella está estudiando el Programa Certificado en Estudios de Museos en la misma universidad. Además, ella es una asistente de postgrado en el Museo C.H. Nash en Chucalissa, Memphis.

www.ingramcontent.com/pod-product-compliance
Lightning Source LLC
Chambersburg PA
CBHW041743040426

42444CB00001B/4